서울 카라반

| 한국대표정형시선 042 |

서울 카라반

장은수 시집

고요아침

■ 시인의 말

  쭉정이 같은 시들을 묶어 세상에 내놓는다.

  두 번째 시집 『고추의 계절』 발간 이후 8년이 훌쩍 넘었다. 행간에서 길을 잃고 자주 방황하기 시작한 것이다. 나도 모르는 사이에 아예 3장 6구 정형 속에 온몸이 굳어버렸는지 모른다.

  부끄러운 피투성이 나의 詩여!

  아무것도 모르고 억지를 부린 건 아닌지 돌아보게 된다.

  그러나 가야 하는 이 길, 그저 묵묵히 가야한다.

2016년 8월

장은수

■ 차례

■ 시인의 말   05

제1부 물안개 세공

동해 일출	13
3월 녹차 밭	14
애기똥풀 자전거	15
물안개 세공	16
가시연꽃	17
대마도 얼레지	18
초록 눈빛	19
김밥 마는 여자	20
교차로 수묵화	21
쇠똥구리	22
파꽃	23
아차산성에서	24
별을 쓸다	25

제2부 새의 지문

오랑캐꽃	29
벼루	30
해질 무렵, 새는	31
비둘기 데생	32
홍련암 풍경소리	33
새의 지문	34
함초	35
새, 적멸에 들다	36
7번 국도	37
이무기	38
다랑쉬 억새	39
굴비, 붉은 놀을 물다	40
호랑나비	42

제3부 윗새오름, 봄

윗세오름, 봄	45
파시, 고등어	46
가로수 점묘화	47
알라딘의 흰 지팡이	48
장경판전	49
덩굴손 코바늘뜨기	50
마방의 지문	51
바다 수선하기	52
돌거북, 잠을 깨다	53
쇠별꽃	54
사월 칸타타	55
미륵사지	56
민달팽이 보법	57

제4부 소리 없는 파이팅

서울 카라반	61
각시붓꽃	62
노린재 포커페이스	63
도봉산 몽필생화夢筆生花	64
나이아가라	65
아차산 주먹바위	66
은검초 왕관	67
백목련 언어	68
서울 머구리	69
봉숭아꽃 누이	70
호수의 얼굴	71
낮달, 감시카메라	72
소리 없는 파이팅	73

제5부 수막새 일어서다

말글	77
꽃물나비	78
새우	79
비양도 어머니	80
아리바다 생존법	81
수막새 일어서다	82
모놀리트 탑	83
백야	84
도시의 아이벡스	85
모하비 사막	86
피오르의 아침	87
원반 던지는 사람	88
오래된 섬	89

■ 해설_시간의 적층을 탐색하는
　　근원 지향의 상상력/ 유성호　　90

1부

물안개 세공

동해 일출

웅크렸던 수평선이
어둠을 탁!
튕겨낸다

해수면을
쩡, 울리는
수천만 개 불화살

물보라
하얗게 일며
백마 떼가 달려온다

3월 녹차 밭

차가운 여명 빛을 끌고 온 콩새 한 마리
잔설 쌓인 녹차 밭에 발바닥 지문 찍고
부리에 청백색 띠를 감았다 슬몃 푼다

밭이랑 제 몸 앉을 둥지를 틀다 말고
가지 끝 물방울을 구슬처럼 꿰는 시간
지상의 겨울일기를 상형문자로 새긴다

앙가슴 푸릇푸릇 작설 잎을 우려내듯
여린 발톱 그러안고 어둠을 쪼아댄다
햇살의 스란치마에 맥박 콩콩 뛰는 봄날

애기똥풀 자전거

색 바랜 무단폐기물 이름표 목에 걸고
벽돌담 모퉁이서 늙어가는 자전거 하나
끝 모를 노숙의 시간 발 묶인 채 졸고 있다

뒤틀리고 찢긴 등판 빗물이 들이치고
거리 누빈 이력만큼 체인에 감긴 아픔
이따금 바람이 와서 금 간 생을 되돌린다

아무도 눈 주지 않는 길 아닌 길 위에서
금이 간 보도블록에 제 살을 밀어 넣을 때
산 번지 골목 어귀를 밝혀주는 애기똥풀

먼지만 쌓여가는 녹슨 어깨 다독이며
은륜의 바퀴살을 날개처럼 활짝 펼 듯
페달을 밟고 선 풀꽃, 직립의 깃을 튼다

물안개 세공

회리바람 몰아친다, 아차산 거북바위
뭇 발길 다지고 다진 울혈 든 저 등허리
실금 간 틈바구니에 발가락 밀어 넣고

어둑새벽 대장간에 화롯불 활활 지펴
물안개 여물어도 손을 놓지 않으시던
아버지 숨찬 풀무질 바윗돌을 울려온다

벼랑 끝 튕겨나는 야사 한 줄 다시 쓰면
붉은 쇠 달궈내던 한강 물도 놀이 들고
온달의 칼 빼는 소리
하늘 번쩍 가른다

가시연꽃

늪도 달뜬 세미정에 명지 바람 일렁인다
등 따가운 오월 햇살 잔물결로 다독이며
한 뼘쯤 하늘을 미는 어기찬 저 숨소리

괜찮다, 괜찮다고 입으로만 되뇌던 말
한 번도 푼 적 없는 열여덟 앞섶 열고
초경 빛 젖멍울 같은 봉오리가 부푼다

가시를 세울수록 가슴은 더 뜨거워져
발그레 물든 민낯 톺아보는 눈길 앞에
또 한 겹 고름을 푼다, 꽃등 하나 매달고서

대마도 얼레지

밟히고 꺾인 자리 덕혜옹주 꽃대 하나
해조음 잠재우듯 스란치마 끌고 와서
헛헛한 손을 흔든다, 눈자위가 붉어진다

꽃살문 그 틈새로 왜바람만 드나들 때
빗장 지른 헛방에서 뼛속 깊이 새긴 앙금
저 맨발 여린 잎자루 씨방을 잉태한다

햇빛도 비켜 가는 싸늘한 선돌 아래
반쯤 묻힌 옥비녀를 자오록이 닦아내고
앙다문 작은 입술에 붕대처럼 감기는 놀

청수산* 그 모롱이 한 발 한 발 오르는 길섶
겨우내 결삭은 아픔 일순간 툭 터져서
마침내 돌아온 봄을 두 팔 벌려 맞고 있다

* 일본 대마도 청수산 정상 부근에 대마번주 아들 소 다케시와 덕혜옹주의 결혼(1931년 5월 8일)을 기념하기 위하여 기념비를 세웠다.

초록 눈빛

등 굽은 철쭉 가지 짐짓 딴전 피우다가
연초록 물 머금고 보슬비를 껴안는다
얼결에, 아주 얼결에
보란 듯이 앙감질하며

우듬지에 앉은 박새 추임새 분주하고
풀빛 아기 뒤뚱뒤뚱 걸음마 익힐 때쯤
조것 봐, 부리 끝에서
확 일어난 불꽃 하나

그 불씨 톡톡 튀어 옆 가지 옮겨붙네
새들의 다급한 목청 공습경보 울려대고
하르르 새봄이 탄다,
불이야 꽃불이야

결빙의 호수가 녹듯 손끝의 전율 속에
가슴 죄며 사는 일이 오늘 여기 몫인 것을
몸 푸는 절정의 순간
생의 갈기 세운다

김밥 마는 여자

눈 내리는 화양시장 비좁은 가게에서
꼬치 국물 후후 불어 어둠을 밀어내고
김발에 묻은 밥알을 떼어먹는 손이 있다

시퍼런 시금치며 노을빛 당근 하며
좌판 위에 키를 재는 색색의 저 푸성귀들
죽간竹簡에 드리운 생이 하얀 방점 찍는다

고 작은 대발 하나 행간 쭉 펼칠 때마다
밥알들 끈적끈적 야사野史 한 줄 베껴내는
거멍빛 두루마리가 오색 꽃 피워낸다

교차로 수묵화

매연 냄새 풀썩여도
아픈 게 아니라고

실직의 텅 빈 시간
풀어놓는 순간에도

타이어 제 살 깎는 소리
신음처럼 듣는다

쇠똥구리

엽록소 발라낸 채 섬유질로 남은 저녁
하루를 되새김하듯 공 굴리는 생을 본다
아득한 동굴 속 둥지
허기를 묻어놓고

해 저문 동화의 숲 뿔처럼 빌딩이 서고
덜컹대는 수레 위로 바람이 지나간다
구절초 이울던 자리
무수한 삽질 소리

짓물러 터진 앞섶 까치발 곤추세워
한평생 밭을 갈 듯 새벽별 일구시던
아버지 그 소맷자락
황소울음 울려온다

파꽃

비 그친 밭둑 머리 한 여인이 서 있다
헤살 놓는 명지바람 치맛자락 흔들어도
상앗빛 엷은 미소만 함초롬히 피워 물고

멧새도 여기 와선 긴 부리를 감춘다
제 속을 비워야만 채워지는 작은 씨방
맵싸한 이슬방울이 꽃술에 매달린다

까닭 모를 속울음만 쏟아놓던 저녁놀도
눈 앞을 가리고 있던 물안개도 스러진다
해 질 녘 남루를 벗고 꽃으로 핀
아, 어머니!

아차산성에서

누군지 나는 안다, 아차산성 쌓은 이들
바람결에 실려 오는 그들의 진한 숨결
억새는 억새의 등에 제 등을 맞비빈다

어느 결 내 귓전에 맴을 도는 죽비소리
어디론가 떠나버린 태곳적 짐승처럼
성벽 돌 틈새에 스민 옛 냄새 맡으라 한다

돌꽃 핀 길을 따라 한 비사秘史 펼쳐 놓고
바보 사내 고함소리 우렁우렁 울리는 산
아차차!
나의 젊음도 그예 해를 좇고 있다

별을 쓸다

똬리 튼 골목 어둠 쓸고 또 쓸어낸다
대학로 마로니에공원 비를 든 사내 앞에
취객은 바닥을 치며 토사물만 게워내고

이력서에 서려 있는 새벽안개 툭툭 털면
구인광고 무가지無價紙가 꽃처럼 피어나고
불콰한 아침노을에 거리가 출렁인다

형광 빛 어깨띠에 해를 한 짐 둘러맨 채
청소차에 실어 보내는 풍화된 밤 그림자
가슴엔 제 빛을 잃은 낮별 하나 떠오른다

2부

새의 지문

오랑캐꽃

먹감나무 그늘 아래 오도카니 세운 꽃대
땅에 붙은 잎자루에 산빛 어둠 담아 놓고
가녀린 긴 목을 돌려 고개 떨군 누이야

얼마나 피맺히면 이름에도 흉이 질까
환향의 기쁨보다 화냥의 아픔만 남아
작은 키 더욱 낮추고 숨어 핀 풀꽃 송이

몇 번의 봄을 지나 돌아와 앉은 자리
치마 걷던 바람 소리 이제는 잦아들어
첫새벽 동살 비치면 이슬을 머금는다

속울음 길어 올린 자줏빛 싸한 통점
더러는 앉은뱅이 어깨 건 몸짓으로
바람 찬 세상을 향해 연잎 종을 치고 있다

벼루

밤을 도와 길을 낸다
검고 맑은 돌의 눈에

켜켜이 쌓여 있던
짙은 묵향 풀어내고

첫새벽
솔새 한 마리
걸개그림 물고 난다

해질 무렵, 새는

장돌림 하루해도 자리 걷는 파장 무렵
잰걸음 땅거미가 빛 그물을 툭툭 끊고
낮과 밤 경계 안으로 붉덩물이 밀려온다

스스로 심지 돋워 등불 하나 켜는 날에
어둠의 빛살무늬 내 안에서 출렁일 때
노을 속 버려진 길을 콩알처럼 쪼는 새

허공의 깊이마저 잴 수 없는 숱한 것들
까치발 들고 서면 하늘에 더 다가갈까
지상의 저문 하루가 날갯짓을 하고 있다

비둘기 데생

둥지 틀 곳 모의하는
비둘기 서너 너덧

굴참나무 겨울눈에
마름질을 하고 있다

푸석한 아침놀 빛에
흠뻑 젖는 푸른 하늘

홍련암 풍경소리

마룻바닥 창문 너머 사바娑婆가 굽이친다
밀려드는 뒤 파도에 현기증이 문득 일어
홍련암 부처님마저 눈을 반쯤 감는다

가부좌한 세월 앞에 헤살 놓는 바람 소리
물속의 바윗돌도 세상 소식 궁금한지
고개를 불쑥 내밀다 물보라에 흠뻑 젖고

설악의 그림자가 각을 세운 바다 위로
소나무 긴 가지가 낚싯대 드리울 때
처마 끝 청동 물고기 하늘빛을 닦고 있다

새의 지문
— 빗살무늬 토기

저문 시간 사려 앉은 암사동 유리 벽 속
침묵만 그득 고인 빗살무늬 토기 위에
태곳적 숨을 쉬는가
갈맷빛 새 한 마리

조개칼 주름 같은 그늘이 똬리 틀고
사선에 갇혀 버린 목마른 잠 어리에
재우쳐 날지 못한다,
바람의 말 새기면서

체에 거른 앙금마저 주무르고 다독이며
옹글게 빚어 올린 점토의 면벽에서
아직도 형형한 눈빛
오그린 발이 저리다

의문처럼 걸려있는 아득한 지문 하나
천년토록 웅크렸던 화석의 죽지를 털고
한순간 빗장뼈 세워
꿈결인 듯 퍼덕인다

함초

해안가 천덕구니로 개펄 잠시 떠돌다가
주저앉은 갯고랑에 거품을 뿜고 있다
가슴에 구멍이 뚫린 폐선처럼 출렁이며

딛고 설 땅도 없이 물의 길 다 내주고
그 옆에 다소곳이 고개 숙인 베트남 댁
날 세운 파도 소리에 부은 발 또 붓는다

밀물 썰물 넘나들며 시린 등 다독여도
언젠간 하릴없이 난바다에 수장될 몸
소금 꽃 활짝 피운다
짠 내 한 줌 입에 물고

새, 적멸에 들다

절벽을 감싼 안개 나이테를 새겨간다
햇살이 구름 속에 말을 모는 차마고도
인주 빛 붉은 울혈이
꽃망울로 터진다

충혈된 눈 거두어야 좁은 문도 드나들까
저녁놀 옷소매를 마파람이 끌고 갈 때
천 년의 긴 잠을 깨고
날개 터는 새의 화석

굽이치는 계곡 너머 꽁지깃 벼린 날은
돌만 자란 가풀막에 검독수리 발톱 같은
또 하루 낙관 찍는다,
첫새벽 문을 연다

7번 국도

바닷길 뛰어간다, 손을 덥석 잡고 싶어
빗장 걸린 철망 앞에 약속은 어긋나고
바윗돌 할퀴는 파도 이슥토록 잠 못 든다

오름길 절벽 아래 깃이 상한 재갈매기
백사장 쓸고 가는 마파람 휘저은 뒤
그렁한 저 눈망울로 북녘 하늘 쪼아댄다

이제는 갈 수 없어 찍어보는 발자국에
관동별곡 팔백 리 길 그 해변 돌아서면
청간정 기둥에 스민 송강의 숨결 소리

먹구름 걷힌 수평 새 아침 문을 열 때
술렁대는 하늘가에 몸을 푸는 어머니
갈매기 수천 부리기 헤를 집어 올린다

이무기

어쩌다 잃었는가, 하늘로 가는 길을
광화문역 계단참에 엎드린 사내 하나
정수리 구름의 무게 내려놓지 못하고

아득히 별밭 속을 거닌 날도 있었는지
해지고 닳은 발굽 네온 빛 바장일 때
양철통 바닥에 엎딘 동전도 함께 떤다

스타카토 구둣발소리 점점이 흩어진다
찬바람 들이치는 무릎을 다독여도
허옇게 버짐 핀 다리 떨어지는 비늘들

이따금 굽은 허리 어둠 속에 펴 보다가
움펑눈 찔러오는 도시의 불빛에 취해
잠긴 목, 소리도 없는 쉰 울음을 토한다

다랑쉬 억새

섬에선 어디서나 바람이 검문을 한다
수평선 어깨너머 띄워 보낸 그 날 시름
진달래 붉은 울음이 가을까지 묻어오고,

봄에 익은 사투리를 두고 떠난 그 부둣가
엉겅퀴 벼랑 끝에 아린 가슴 쓸어낼 쯤
마파람 들녘을 쓸며 스란치마 끌고 간다

한라산 까마귀도 힘에 부친 입을 닫고
버캐 낀 동굴 속의 용암을 핥고 있나
분화구 오둠지 따라 걸어오는 옛 그림자

어딜 가나 백발白髮 들녘 송당골 오름 위로
노을의 파문들이 산담을 물들일 쯤
뿔 살린 노루 한 마리 억새밭을 달린다

굴비, 붉은 놀을 물다

바다가 출렁인다, 호동그란 접시 위에
수런대는 돌섬 사이
조기 떼 회유回游할 쯤
법성포 쌍끌이 그물 촘촘히 엮어 맨다

물비늘 풀어헤친 갯물 찰랑 차오르면
숨죽인 파도 이랑, 해무를 피워 물고
수평선 경계를 지고
그물질하는 손이 있다

칠산 바다 뱃머리에 밧줄을 감아놓고
바람도 갑판에 앉아
숨 고르는 한것 한것
아릿한 소금기 뱉고 빗살 조름* 훑어낸다

바다를 떼어 파는 파시마저 저물 무렵
밀물 썰물 절은 삶의 눈물겨운 어름에도
한 두름 곡우 사리가

붉은 놀을 베어 문다

* 물고기의 아가미 안에 있는 빗살 모양의 숨을 쉬는 기관.

호랑나비

먹구름 험상궂게 거쳐 간 한강 변에
날개 찢긴 세월 딛고 웅크린 호랑나비
붉은 그 꽃잎에 앉아 가슴앓이하고 있다

이 꽃 저 꽃 꽃술 찾아 탐하던 날갯짓이
이제는 꽃밭 하늘 날 수조차 없는 걸까
해종일 샐비어 눈빛 흩날리는 소태맛이다

허공을 비행하던 화려한 그 곡예가
기웃대는 꽃밭 사이 오늘도 모자란 듯
고깔 쓴 늙은 무녀가 소매 깃을 툭 툭 턴다

3부

윗세오름, 봄

윗세오름, 봄

돈내코 숲 물안개가 만연체로 피어난다
방부목 계단 위를 기웃대는 풀잎들
책장을 쓸어 넘기듯
바람이 슬몃 인다

몽당연필 깎아 들고 키를 재는 앳된 가지
볕 든 삼월 몸이 달떠
저요! 저요! 손을 들 때
까막눈
저 까마귀도 까옥까옥 운韻 고르고

제 몸속 글감들을 이에 저에 펼쳐놓고
초록을 매조지하는 한라의 풀빛 가슴
봄 채비 베스트셀러
철쭉꽃 툭 툭 번다

파시, 고등어

지느러미 파닥이며 먼동이 트고 있다
비릿한 해미 속에 가라앉는 물그림자
왁자한 파시의 한때, 빛의 속살 보듬는다

푸른 비늘 쓰다듬는 뱃전의 파도 소리
살진 저 고등어의 시린 잔등 녹여줄 쯤
귀 여린 빗살무늬가 좌판 위에 출렁이고

얼음꽃 서걱거리는 선홍빛 아가미에
소금기 잦아들 듯 삭아가는 둥근 시간
주름진 새벽 바다가 썰물에 밀려간다

밤을 달린 늪하늬가 획을 긋는 수평선
징거맨 상자 밖으로 한 생이 쏠려가도
스러진 입김 사이로 아침놀을 세운다

가로수 점묘화

굴착기 관절 꺾듯

날 선 톱 스쳐 간 뒤

토막 난 뼈마디에

회리 치는 꽃샘바람

길가에

옹송그린 봄,

피 흘리며 오고 있다

알라딘의 흰 지팡이

점자블록 따라간다, 눈먼 도시 건널목을
오가는 사람들 속 요철을 더듬다가
환승역 추운 모퉁이
마뜩잖은 눈빛들

햇살조차 비켜 앉는 수런대는 계단 아래
더러는 하얀 지팡이 바람의 살을 깎고
손끝에 귀를 세우듯
소리가 길을 낸다

어둠을 마름질하는 마법의 하늘 저편
미명의 아침 빛이 알라딘 눈을 틔워
세상의 어두운 껍질
한 꺼풀씩 벗겨 낸다

장경판전

배흘림기둥 뒤로 가부좌 튼 저문 시간
빗살문 어깨너머 다소곳이 자리 펴고
가야산 풍경소리를
경판 읽듯 듣는다

고려의 붉은 놀이 삭정이를 다독이듯
바람의 문맥 같은 적멸로 이어진 길
해묵은 자귀의 흔적
옹이처럼 박혀 운다

돋을새김 천 년 속내 뉘라서 이어갈까
먹줄 곧은 선을 따라 끌로 새긴 뜨건 말씀
연꽃을 받쳐 든 아버지
널결 눈빛 안아 본다

눈 감아도 결이 뵈는 자작나무 햇살 섬모
이따금 발등 시린 서릿발 밀어나 내고
먼 하늘 귀를 틔우는
장경판전 올올하다

덩굴손 코바늘뜨기

은유의 손사래인가, 곧은 길 마다하고
섶으로 올라가는 넉 잠 든 누에처럼
벽에 난 허방을 짚고, 햇빛 촘촘 그러안고

잇꽃 빛 번져가는 노을 속 누빌 때쯤
지상에 없는 길을 한 땀 한 땀 내는 건가
덩굴손 코바늘뜨기, 움의 그물 짜고 있다

비바람 숭숭 들어 상처 깊게 패는 날엔
인적 드문 공중정원 보란 듯이 펼치거나
아찔한 담장 모퉁이 낮달 반쪽 띄우거나

부러진 날갯죽지 뒷산 어깨 그 너머로
아릿한 앞섶 열고 기워가는 찢긴 잎새
저 돌담 요철凹凸 사이로 굽은 허리 쭉쭉 편다

마방의 지문

고요하다, 아득하다
하늘로만 열리는 땅
눈꽃 뭉텅 지는 날엔 뒤꿈치도 멍이 들어
목 붉은 허기를 띠고 수런대는 저 마방

구름이 가까울수록 길은 차츰 지워진다
무릎 꿇고 외는 경전 협곡에 지문을 찍고
사위는 티베트 햇살 주섬주섬 움켜쥔다

쩔렁대는 방울 소리 어스름 몰아올 때
신전에 갇힌 울음 여닫는 이승의 문
설산을 헤매는 바람 모닥불로 모여들고

새들도 숨이 겨워 우회하는 차마고도
막아선 칼 벼랑에 빗장뼈 삐걱대고
흙먼지 버거운 길마 노을 한 채 지고 온다

바다 수선하기

눈 밖에 난 백령도를 쉼 없이 할퀸 파도
찢긴 바다 한쪽 수선집에 맡긴 건가
잠 못 든 수선공 최 씨 등댓불을 밝힌다

둘로 나뉜 세상 앞에 해무를 걷어내고
갇혔던 재갈매기 짠 냄새 추스를 때
난대성 물고기들이 신새벽을 털고 있다

덧대고 박음질하여 길 하나 깁는 시간
등이 휜 수평선에 물의 귀 열고 나와
절벽 끝 먹구름 뚫고 아침놀이 번져온다

돌거북, 잠을 깨다

화강암 돌기둥에 거북 한 마리 앉아 있다
두 발을 앙버틴 채 먼 하늘만 응시하는
오백 년 왕조 사직이 전서체로 엎드린다

옥판지에 배어 있는 돌을새김 그 아픔들
미로를 그려 놓은 봉분 같은 등을 들면
경술년庚戌年 울음소리가 도장밥에 묻어난다

뼈를 깎듯 돌을 쪼아 오조룡* 지문을 찍는
한 시대 빗장 풀고 먼 야사 더듬는다
한겨레 가슴에 이는 소용돌이 되짚으며

* 발톱이 다섯 있다는 전설 속의 용.

쇠별꽃

하늘나라 길 밝히다

지상으로 내려왔나

백장미 피는 기척에

귀 쫑긋 세우다가

그 슬픈 눈망울 들어

꽃이 된 병아리들

사월 칸타타

과수원 가랑잎이 빙어 떼로 몰려다닌다
겨우내 차진 햇살 한 사내 불러내고
생장점 마디마디에 이른 봄을 접붙인다

사과나무 행간 위로 칼을 든 그 사내가
하릴없이 몸피만 불린 눈사람 마주하면
물오른 해토머리에 가빠지는 땅의 숨결

잎 진자리 떨켜 위로 귀를 연 나의 나목
시나브로 김 오르고 허파꽈리 익어간다
시간의 경계를 넘어 또 한 생이 눈을 뜬다

꽃샘바람 생살 찢는 기억의 단층에서
못다 여윈 가지에 핀 눈꽃 송이 털어낼 쯤
어머니 단힌 궁문 속 물결소리 들려온다

미륵사지

안개 깃 감긴 날들 익산 땅 용화산에
휘감아 도는 골짝 두드려 문을 열고
영지靈池 속 서동요 가락
깨우는 저 정 소리

돌탑이 허물어진 제 몸을 감싸 안고
침묵의 잔돌들이 차갑게 눈을 뜰 때
층층이 포개진 가슴들
목련처럼 터진다

저녁놀 철쭉 빛으로 홀연히 스러지고
돌 거울에 얼비치는 천 년의 바람, 바람
척박한 내 하늘 위로
백제의 달 차오른다

민달팽이 보법

하나둘 별빛마저 빠져나간 먼 하늘가
거친 물살 가로지른 벌거숭이 아이가
가쁜 숨 몰래 뱉으며
길 하나를 지운다

입안에 서걱대는 모래알을 씹으면서
구멍 난 옷가지에 물로 쓰는 가족 이름
꽃제비 젖은 울음이
갈대밭을 더듬는다

까슬까슬 마른 입술 혀끝으로 다독이며
어둔 강 건너고 나면 닫힌 문도 열릴까
서릿발 칼날 진 새벽
아침은 멀고 멀다

4부

소리 없는 파이팅

서울 카라반

골목골목 날아든다, 먼 사막의 먼지들이
목 붉은 늙은 낙타 파지 묶어 등에 메고
하루를 채질하는 길
어둠이 휘청거린다

울 너머 고개 들면 눈감아도 뵈는 도시
다 삭은 대문 밀고 미로 같은 길을 연다
더께 진 바람 소리가
빗장뼈에 걸려 울고

서걱대는 모래 입자 속눈썹에 뒤엉키는
신기루 뒤를 밟듯 노숙의 밤을 건너
한 모금 저 물병자리
목마름에 입이 탄다

간단없는 돌개바람 알뿌리 숨죽일 때
오아시스 별을 좇는 도시의 카라반들
가로등 희붐한 새벽
새 날 빛을 맞는다

각시붓꽃

십만 대군 적병처럼 몰려드는 는개 속에
여린 목 치켜들고 도시 뒷담 기웃대다
시간의 경계 밖으로 뛰쳐나온 여인 하나

가파른 성벽 아래 흔들리고 부대껴도
두고 온 천칭자리 빈 가지에 매다는 날
바람도 녹슨 돌쩌귀에 용쓰다 돌아설까

아리수 뱃길 앞에 관棺 하나 멈춘 내력
살며시 눈 맞추면 눈물 왈칵 쏟을 것 같은
긴 목의 자줏빛 여인 제 이름을 묻고 있다

노린재 포커페이스

볕 한 톨 이운 자리 숨죽인 그림자로
고춧잎 뒤에 붙은 얼룩무늬 저 노린재
길 바깥 꽃대궁 너머 제 자리를 찾는다

밭고랑 거미줄을 뒤흔드는 바람 앞에
등짝이 바작바작 유난히도 타는 날은
아픈 척 절뚝거리다 벌러덩 엄살도 떨며

참호 속 병정마냥 은폐와 엄폐 사이
새빨간 거짓말로 하얀 꽃 덥석 물고
노린내 세상을 향해 날개 활짝 펼친다

도봉산 몽필생화 夢筆生花

겨울 산도 이쯤에선

하고픈 말 있는 건지

옥판지 펼친 하늘에

기암괴석 붓을 세워

난청의 도시를 향해

일필휘지 시를 쓴다

나이아가라

쏟고 또 쏟을수록 귀에 이는 저 물소리
출렁이는 경계 너머 섬 하나가 무너진다
구름도 손깍지 풀고
비를 왈칵 쏟고

물안개 자오록이 벼랑 끝 치오를 쯤
가슴 문득 뜨거워져 앞섶을 열어놓고
나이야, 나이야 가라!
거친 주름 다독인다

바람의 동굴 지나 숙녀호 물기둥 서고
하늘로 솟구치는 우릉우릉 발굽 소리
저 단애 물의 능선에
쌍무지개 띄운다

아차산 주먹 바위

바위도 눈을 뜬다, 햇빛 저리 눈부신 날
숲 속을 빠져나온 머리맡 낮달 한 채
고구려 바보 장수의 칼날처럼 걸려있다

돌팔매도 감싸 안은 아리수 물길 트고
산벚나무 지는 꽃잎 평강공주 눈물 같다
불현듯 말발굽 소리 아차산을 휘감는다

말갈기 휘날리며 남쪽으로 당긴 화살
타는 노을 졸본 땅도 손아귀에 녹아들고
무거운 갑옷을 벗자 돌거북이 깨어난다

소슬 산문 한 허리를 돌아드는 산 그림자
선잠 깬 어머니는 별 하나 품고 와서
피 닳은 결기의 지문, 화석처럼 찍고 있다

칼끝으로 새겨가는 검은 눈의 동북공정
사직社稷의 심장부에 사초史草 새로 쓰는 건지
다시 선 아차산성이 돌주먹을 불끈 쥔다

은검초* 왕관

팽팽한 수평선을 당겨 쥔 화산섬에
흙과 돌 그 무게로 분화구 밟고 서서
한 청년 마그마 빛깔
마우이를 일군다

풀 한 포기 발 못 붙인 너덜겅 품새에도
은빛 칼 가슴에 품은 형형한 눈빛은 살아
목 붉은 통성기도의
해조음을 밀고 온다

재만 남은 시간 헤쳐 실뿌리 내릴 때쯤
잊힌 전설 위로 아침놀 깃을 덜고
천 년의 바다를 건너
옛 왕조가
일어선다

---

* 하와이 마우이 섬의 할레아칼라(Haleakala) 국립공원 정상에서만 서식하는 국화과의 희귀한 여러해살이풀. 칼처럼 생긴 꽃은 은가루 뿌려놓은 듯 하얀 왕관 모양이다.

백목련 언어

혓바닥이 돋아난다, 하얗고 부드럽게
명지바람 돌담 안을 가만히 기웃대다
별안간 솜털 빛 자모子母
우듬지에 매달린다

둥근 날 햇살 꽂아 곡선으로 이는 파문
어리에 갇혀있던 꽃망울이 깃을 털고
툭, 터진 은밀한 발화發話
물안개를 감는다

겨우내 허공만 쓸던 시린 손끝 부푸는 날
어느 나라 방언일까, 갓 헹군 입술 열고
촉촉한 사랑의 밀어
한 겹 한 겹 펼친다

서울 머구리
― 폐품 줍는 사내

안개 한 끝 끌고 간다, 인적이 뜸한 밤길
왁자한 먹자골목 투구 쓰고 무장한 뒤
가로등 길모퉁이에
또 하루를 부려놓고

선술집 막사발 속 주름살이 번져가도
척추 마디 삐걱대는 깡통 소리 걸머진 채
굴리는 수레바퀴에
넘실대는 바다 너울

하늘을 그러안고 가진 것 다 내주고
제 흥에 춤을 추는 음표도 지칠 때쯤
언 발로 도시 한복판
탑돌이를 하고 있다

봉숭아꽃 누이
― 디도스* 바이러스

가쁜 숨 몰아쉰다, 이하선암 내 누이는
옹글게 버틴 한 생 햇살마저 비켜 앉아
못 삼킨 알약** 한 알이 마우스에 걸린다

빗장 지른 인터넷 창 스팸메일 수런대고
화살표 눈금 따라 안개 속을 떠돌다가
구겨진 사각의 길에 멈춰선 모래시계

전이되는 길목마다 방사선을 입력해도
마지막 실핏줄마저 앗기운 병실에서
디도스 바이러스가 수라의 강 이룬다

좀비들 날 선 그림자 숨어든 침대 위로
노을 진 누이의 하늘 봉숭아꽃물 뚝뚝 지고
눈으로 못 읽은 메시지, 빗소리로 읽는다

* 여러 대의 컴퓨터가 특정 사이트를 마비시키려고 한꺼번에 공격을
가하는 해킹 수법.
** 바이러스 검사 소프트웨어.

호수의 얼굴

시린 등 다독인다, 고뿔 앓는 일산호수
에돌아온 둘레길은 걷는 이도 꽃이 되어
등이 휜 곰돌이 꽃탑
속울음을 삼키는가

낯선 세상 물결 위를 뛰쳐나온 한 사내가
끊어졌다 다시 솟는 은빛 분수 물방울 속
물때 낀 물꽃 자전거
페달 밟아 길을 내고

겨울 안개 무게만큼 발목 잡는 하루하루
오지랖 넓은 가슴 튤립 향기 받아 안고
호숫가 나무그늘에도
봄의 혀가 돋는다

낮달, 감시카메라

해 그늘에 몸 숨기고 숨죽인 파파라치
발치께 내려다보며 동공을 부풀릴 때
황금빛 자오선 너머
질주하는 새가 있다

세상사 길목마다 숨바꼭질하는 건지
바람도 무릎 낮춘 가로수 가지 사이
황막한 빌딩 숲 뒤켠
뭉게구름 둥실 뜬다

NG라고 우겨 봐도 재촬영은 없다는 듯
줌렌즈에 사로잡힌 등 따가운 도시에서
무채색
복면을 쓴 채
가속페달 밟고 싶다

소리 없는 파이팅

경쾌한 금속음이 그물코를 찢고 있다
구름을 벗겨낼 듯 하늘 높이 치솟는 공
던지고, 치고 달리는 눈빛들이 환하다

말 없는 운동장엔 꽹과리만 아우성치고
손짓말로 주고받는 함성 속 경건한 침묵
스탠드 응원석에도 눈에 땀이 솟는다

사람의 귀가 아닌 용의 그걸 가진 이들
한여름 뙤약볕도 발치에 와 엎드리고
배트를 움켜쥔 손에 힘줄이 불거진다

커브를 그리며 오는 울음들을 강타하며
꽉 닫힌 문을 열고 세상 속을 달려갈 때
다 해진 글러브 하나 해를 덥석 잡는다

* 충주 성심학교 청각장애우 야구부를 다룬 영화 〈글러브〉를 시조로 옮기다.

5부

수막새 일어서다

말씀

제가 찢은 살점들을
화살은 누군지 알까

길가의 저 개똥은
스스로 똥인지 알까

오늘도 독침이 튄다
너에게로
나에게로

꽃물나비

봉숭아꽃 뼘을 재는 뚝섬 바람의 집
누군가 감쪽같이 그 꽃잎 훑어갔다
허기진 비둘기 떼가
종종대는 오후에

푸성귀 꼬투리처럼 눈꺼풀 치켜뜨고
속손톱 물어뜯던 서른 즈음 처녀였을까
남몰래 강 둔치 여자들
손끝만 훔쳐본다

그 곁에 백발 노파 사뿐사뿐 걸어온다
파랗게 벗갠 하늘로 웃으며 흔드는 손
발 묶인 고치를 벗고
날아가는
나비
떼

새우

뼝대*처럼 밀어 올린 서너 개 머리카락
납작해진 뱃가죽이 굽은 허리 감싸 안고
목 붉은 새우 한 마리 침대 위에 누워있다

한때는 푸른 심해 태평양도 누볐을 게다
발 부르튼 시간만큼 길은 자꾸 흐려지고
창틈을 빠져나가려는 희미한 맥박소리

바다를 떠나온 뒤 마주 선 벼랑 끝엔
삼십오 킬로그램 어머니의 뒷그림자
지상의 삼각파도가 병실 안에 굼실댄다

* 바위로 이루어진 높고 큰 낭떠러지를 이르는 강원도 사투리.

비양도 어머니

곧추선 절벽 아래 하얀 포말 솟구치면
시퍼런 파도 소리 맺힌 가락 풀려오고
조류에 솟구쳐 오른 섬이 하나 둥싯 뜬다

등 푸른 해무 속을 날아오른 날치 떼들
조간대 허기 물고 들숨 날숨 몰아쉬며
서늘한 적조를 찢어 뭇 별을 띄워놓고

바다도 속을 끓이다 오름 하나 토했을까
암자색 햇살 이운 늙은 폭낭* 가지 끝에
어머니 태왁**을 나온 숨비소리 걸려 있다

바위 끝 홰를 치는 마칼바람 달려와서
회색빛 하늘 열고 재갈매기 길을 냄쯤
수평선 텅 빈 바다에 햇살이 출렁인다

* 팽나무의 제주 사투리.
** 해녀가 물질한 해산물을 담기 위해 바다 위에 띄워놓은 바구니.

아리바다* 생존법

모래톱 가는 길은 천 길 벼랑 오르는 일
태평양 바다 밑을 포복하듯 순례하듯
잠 설친 만행卍行의 세월, 노숙의 밤은 길다

난데없는 하얀 포말 눈가에 차올라도
파도에 갈라진 등 소금 꽃 피워 물고
맨 무릎 바다거북이 둥지를 찾아간다

햇살의 동심원을 울려오는 거친 숨결
모래 속에 묻혀 있던 시간의 봉인 풀고
갓 눈뜬 어린 식솔들 발걸음이 환하다

독수리 날 선 눈빛 시간도 달음질치고
바람의 아우성을 지켜보는 묵시의 바다
아찔한 벼랑 끝에서 통점의 길을 연다

* 중미 코스타리카의 한 해변에 멸종위기의 바다거북이 알을 낳기 위해 떼 지어 올라오는데, 그 산란장면을 현지어로 '아리바다'라고 부른다.

수막새 일어서다

익산 땅 샛별 품은 갈맷빛 즈믄 벌판
용화산 끝자락에 삼문三門을 열어놓고
무너진 담장 너머로 모세혈관 잇던 궁터

동박새 솟구치며 서동요 파문일 때
숨결 고른 청매화며 수묵 빛 저 물소리
혀끝에 꽃잎 굴린다, 풀꽃 각시 햇귀 잡고

철총마 달려온다, 사리장엄 연주문 앞
지평선 끌어당기는 범종 소리 들리는가
비로소 미명의 아침 잊힌 역사 잠을 깬다

바람이 흔드는 숲 속 탑돌이 발자국 따라
곤두박인 기왓조각 흙 속에도 눈을 뜨고
왕궁리 추녀 끝에서 수막새가 일어선다

모놀리트 탑

너나없이 벌거벗은 숲 그늘 길목마다
비겔란*이 빚은 전설 화석으로 박힌 햇살
검붉은 구름을 뚫고 아케르 강 건너간다

성에 낀 창을 열고 지상을 굽어보며
대기 순번 받으려다 한 생이 뒤틀린 날
살 비린 틈새 비집고 제 몸 밀어 넣는다

하늘로 솟아오른 길의 끝은 어디인가
이·저승 세상 너머 꿈결처럼 아득한지
물때 낀 나선의 석탑 돌기둥 올올하다

* 상징주의 작풍을 추구한 노르웨이 조각가 구스타브 비겔란(Gustav Vigeland 1869~1943). 인간의 형태를 대담하게 다루는 것으로 유명하다. 프로그네르 공원에 '모놀리트 탑' 등 그의 조각 작품이 전시되어 있다.

백야

더듬는다, 지평선을 부챗살 저 햇무리가
어둠을 가를 수 없는 카오스 하늘가에
한 쌍 새
희끄무레한 프리즘을 세운다

하지 무렵 기우뚱한 북위 60° 빛의 제국
하얀 낮을 품으려고 밤을 넘는 시간 속에
몸 푸는 적막한 채도
몇 개 별을 박아놓고

출렁대는 상트페테르부르크
성형수술 했는갑다
한 사내 옹색한 품에 한 줌 빛 똬리 틀까
살 비린 한밤의 태양
새도록 날숨 쉰다

도시의 아이벡스

물안개 기웃대는 깎아지른 빌딩 숲에
활처럼 굽은 뿔로 하늘을 당긴 사내
죽지 휜 등허리 세워
두 눈을 부릅뜬다

알프스 절벽 같아 고산증이 버거워도
등 기댄 바람 밀고 파고드는 하얀 햇살
제 목숨 자일에 걸고
희미하게 웃고 있다

아슬한 유리벽에 얼비치는 도시 얼굴
더께 진 흙먼지를 온몸으로 닦아내는
흰 수염 염소 한 마리
허방다리를 건넌다

모하비 사막

하늘 쩍, 금이 가고 풍장 그예 시작된다
한 번 누운 선인장은 일어서지 못한 그곳
지상도 쓸리고 쓸려 떠날 것 다 떠나고

한 톨씩 뼈를 쪼개 사리 몇과 골라내는
하루 종일 바람만이 부둥켜 몰려나와
참혹한 사열査閱의 불볕 견뎌낼 수 있을까

모래 언덕 둥그런 품에 그늘을 가둬둘 때
성급하게 차고 올라 세상 어둠 삼키는지
저 맨발 몸을 깎아도 닿을 길은 아득하다

물결무늬 그려놓은 격랑의 바다 밀고
아득히 맨손으로 잿빛 노을 세운 날에
귀 여린 사막여우 눈 속 열반하는 모래알

피오르의 아침

바이킹족 먼 북소리 백야를 밀고 가는
해안선 깎아지른 산과 산 가랑이 사이
꽈르릉, 빙산 하나가 비명 속에 무너진다

고인 물 깊이를 재는 갈매기 울음 따라
오로라 푸른 눈빛 하늘 또한 끈적한 날
참 모진 몇 겹의 바람 짜디짜게 보채고,

엘니뇨 따스한 겨울 난바다를 끌고 와서
오백 리 송네협만峽灣 눈석임물 출렁일 때
북극의 하얀 눈물이 파도치듯 밀려온다

원반 던지는 사람

바람도 숨죽인다, 근육질 사내 앞에
팽팽한 등을 따라 살짝 굽힌 허리춤에
타원의 궤도를 돌다 잰걸음을 멈춘 달

황금빛 조명발도 둥글게 말아 쥐고
먼발치 하늘가를 쓸어보는 저 눈동자
지구의 자전축에도 원심력이 걸린다

툭 불거진 팔과 다리 동맥에도 피가 돈다
그 원반 우주 속에 까마득한 점이 될까
힘차게 필드를 가르는 숨소리가 거칠다

오래된 섬

월척 한 마리쯤 낚아채 올렸을 거다
거문도 뱃길 따라 몇 리를 가다 보면
섬마다 진경산수화 송이처럼 피어있고

주고받은 이야기가 아직도 남았는지
초여름 하늘 높다, 창문을 열어둔 채
아득히 구릿빛 얼굴 얼핏 설핏 떠오른다

갯바위 강태공들 낚싯대 채는 소리야
적막강산 물살 너머 밀물져 타는 날에
난바다 터진 소문에 문득 끊긴 발길들

서녘 하늘 붉게 달군 내 작은 섬 하나에
둥싯 뜬 까치놀도 그날 그 화기로 탄다
귀학새 울음소리에 잉걸불이 뜨겁다

■해설
시간의 적층積層을 탐색하는 근원 지향의 상상력

유성호
문학평론가 · 한양대 교수

1. 견고하고도 밀도 있는 순간의 미학

서정시는 시인 스스로 자신의 삶을 탐구하고 성찰하는 자기 확인의 속성을 강하게 띠는 언어예술이다. 산문 양식이 상대적으로 세계 파악의 성격이 우세한 데 비해, 운문 양식으로서의 서정시는 이러한 자기 회귀적 지향을 퍽 고유하고도 각별하게 견지해왔다. 그만큼 서정시의 창작 동기는, 시인 스스로 자신의 삶을 탐구하고 성찰하는 일련의 과정에서 생성되게 마련이다. 물론 이때 시인이 구성하고 표현하는 삶의 형식이란, 정신적 차원의 것이기도 하고 미학적 차원의 것이기도 하다. 말하자면 시인은 자신이 살아온 시간을 낱낱이 재현하는 데 머무르지 않고, 그 시간을 정밀하게 해석하고 판단하는 주체로서의 정신과 미학을 표현하면서, 궁극에는 가장 가치 있는 삶의 형식을 지향해가는 쪽으로 나아가게 된다.

서정시의 한 갈래이기도 한 현대시조는, 일정한 상황 아래 빚어지는 시인의 정서와 감각과 가치 판단을 짧은 정형 안에 담아내는 예술로서, 유기적이고 통일적인 언어적 구조를 줄곧 지향해왔다. 그래서인지 서사성을 띠는 '이야기'보다는 서정성에 호소하는 '정서'에 훨씬 의존하게 된다. 우리는 시조를 통해 위안과 공감과 즐거움을 얻기도 하는데, 자연스럽게 우리가 시조를 통해 기대하는 것은 균형과 조화의 형식 안에 담긴 가치 있고 반듯한 '정서'일 경우가 많다. 이번에 새로 펴내는 장은수의 시조집 『서울 카라반』은, 오랫동안 삶의 심층에서 언어를 조탁하고 매만져온 시인이 반듯한 '정서'와 견고한 '형식'을 결속하여 성취한 돌올한 결실로 다가온다. 시인은 '시조'를 알고부터 "나도 모르는 사이에 아예 3장 6구 정형 속에/ 온몸이 굳어버렸는지 모른다."(「시인의 말」)라고 말한 바 있는데, 그래서인지 그는 호환할 수 없는 미학적 '광장'이자 '감옥'인 정형 양식이 자신의 사유와 감각을 담아내는 실존적 그릇임을 힘주어 고백한다. 그 안에서 시인은 오랜 시간의 적층積層과 삶의 근원을 탐색하는 상상력을 일관되게 보여준다. 그리고 그 가장 맞춤한 형식은 그가 노래하는 단시조 미학에서 먼저 발견된다.

  웅크렸던 수평선이
  어둠을 탁!
  튕겨낸다

  해수면을
  쩡, 울리는
  수천만 개 불화살

  물보라
  하얗게 일며
  백마 떼가 달려온다
                                    —「동해 일출」 전문

  하늘나라 길 밝히다

  지상으로 내려왔나

  백장미 피는 기척에

  귀 쫑긋 세우다가

  그 슬픈 눈망울 들어

  꽃이 된 병아리들
                                    —「쇠별꽃」 전문

시조 미학의 정수精髓라고 할 수 있는 단시조는, 그야말로 서정의 순간성을 가장 전형적으로 보여주는 형식이다. 장은수 시인은 이 두 편의 절편絶篇에서, 사물의 감각과 시인 자신의 사유를 유추적으로 결합하는 데 성공한다. 앞의 작품은 동해의 일출이라는 비교적 익숙한 제재를 다루고 있는데, 거기에는 '수평선/ 해수면'의 응축과 펼침의 운동이 긴장 어리게 묘사되고 있다. 가령 수평선이 웅크렸다가 "어둠을 탁!/ 튕겨"내는 순간에 시인이 바라본 것은 "해수면을/ 쩡, 울리는/ 수천만 개 불화살"이다. 물론 그것은 해수면에 퍼진 햇살의 모습이겠지만 시인은 이를 '불화살'로 표현한 것이다. 나아가 시인은 '물보라'가 이는 것을 달려오는 "백마 떼"로 묘사함으로써 시의 역동성을 배가시킨다. '불/ 물'의 속성 대비와 '불화살/ 백마 떼'의 색채 대조가 단형 시편 안에 밀도 있게 배치됨으로써, '동해 일출'의 순간을 감각적 선명성으로 부조浮彫하고 있는 것이다.

　뒤의 작품은 '쇠별꽃'이라는 비교적 생소한 자연 사물을 제재로 택하였는데, 주로 밭이나 들에서 자라는 이 꽃을 통해 시인은 하늘나라에서 길을 밝히던 '별'이 지상으로 내려와 '꽃'이 된 과정을 상상하고 있다. '쇠별꽃'은 자연스럽게 하늘이라는 본향에서 지상으로 유배당한 존재로 인지되고 있다. 그렇게 백장미 피어나는 기척에 '귀'와 '눈망울'을 들어 "꽃이 된 병아리들"로 묘사되는 '쇠별꽃'에서, 시인은 가장 간절하고도 슬픈 마음을 보고 듣는다. 이처럼 장은수의 단시조는 '동해 일출'이나 '꽃'과 같은 편재적인 자연 현상에서 자신만의 견고하고도 밀도 있는 순간의 미학을 끌어내고 있다.

원래 '자연'이란 스스로自 그러하게然 존재하는 생명들의 터전을 말한다. 그래서 인간은 자연을 다스리면서도 자연 안에서 뭇 생명들과 공존하는 지혜를 배워왔다. 하지만 인간은 점차 자연을 지배할 수 있다고 믿게 되었고, 급기야는 자연을 자신의 욕망 안쪽으로 하나하나 허물어나갔다. 서정시는 이러한 욕망 과잉을 비판하면서 자연의 자연스러움을 회복하는 쪽으로 씌어져왔는데, 장은수 시인 역시 자연의 근원적 질서와 가치를 상상적으로 구축하고 탈환하는 데 매진하고 있다는 점에서 서정시의 적자嫡子라고 규정할 수 있을 것이다. 그는 서정시가 추구하는 비의秘義가 자연 안에 가장 첨예하게 일종의 '창窓'으로 존재함을 이렇게 힘주어 노래하고 있다. 잔잔하지만 그 나름의 미학적 격정을 얹은 그의 단시조가, 앞으로 더욱 단단한 형상을 아름답게 담아가리라 기대해본다.

2. 근원적 질서와 가치에 대한 상상적 탈환

우리가 잘 알듯이, 서정시는 인간의 존재론적 근원에 대한 성찰을 지속적으로 수행해왔다. 그 중요한 방법으로 우리는 자신의 경험에 대한 진정성 있는 고백을 통한 '기원origin' 탐색의 열정을 예거할 수 있을 것이다. 또한 서정시는 '시간'을 다스리는 방법과 그에 대한 심미적 초월을 동시에 희원한다는 점에서도 그 미학적 일관성을 보여왔다. 서정시를 '시간예술'이라 일컫는 것도 그 때문일 것이다. 장은수 시조의 중요한 내질內質은, 이러한 '기원'과 '시간'을 되살피고 사유하는 원리에 의해 펼쳐진다고 말할 수 있다. 시인이 중요시하는 이러한 원리를 서정의 순간성 속에서 펼쳐낸 장관이 다음 시편에서 펼쳐지고 있다.

차가운 여명 빛을 끌고 온 콩새 한 마리
잔설 쌓인 녹차 밭에 발바닥 지문 찍고
부리에 청백색 띠를 감았다 슬몃 푼다

밭이랑 제 몸 앉을 둥지를 틀다 말고
가지 끝 물방울을 구슬처럼 꿰는 시간
지상의 겨울일기를 상형문자로 새긴다

앙가슴 푸릇푸릇 작설 잎을 우려내듯

여린 발톱 그러안고 어둠을 쪼아댄다
  햇살의 스란치마에 맥박 콩콩 뛰는 봄날
  　　　　　　　　　　　　　—「3월 녹차 밭」 전문

작품의 제목은 시인이 존재하는 시공간을 선명하게 보여준다. 이른 봄 "차가운 여명" 즈음 "잔설 쌓인 녹차 밭"에 시인은 서 있다. 거기에 "콩새 한 마리"가 "발바닥 지문"을 열심히 찍으면서 "지상의 겨울일기"를 써간다. "상형문자"로 새겨지는 새의 일기는, 아마도 시인이 상상하는 자연 사물들끼리의 호혜적 소통 과정을 적실하게 은유한 것일 터이다. 나아가 시인은 작설 잎을 우려내듯 새가 어둠을 쪼아대는 장면에서 "햇살의 스란치마에 맥박 콩콩 뛰는 봄날"을 한껏 느낀다. 어쩌면 여기서 새가 발바닥 지문을 찍으며 '상형문자'로 "지상의 겨울일기"를 써가는 섬세한 움직임은, '시인'의 시쓰기 움직임을 고스란히 환유하는 등가물일지도 모른다. 거기서 우리는 "툭, 터진 은밀한 발화發話"(「백목련 언어」)를 들을지도 모르기 때문이다.

  배흘림 기둥 뒤로 가부좌 튼 저문 시간
  빗살문 어깨 너머 다소곳이 자리 펴고
  가야산 풍경소리를
  경판 읽듯 듣는다

고려의 붉은 놀이 삭정이를 다독이듯
바람의 문맥 같은 적멸로 이어진 길
해묵은 자귀의 흔적
옹이처럼 박혀 운다

돋을새김 천 년 속내 뉘라서 이어갈까
먹줄 곧은 선을 따라 끌로 새긴 뜨건 말씀
연꽃을 받쳐 든 아버지
널결 눈빛 안아 본다

눈 감아도 결이 뵈는 자작나무 햇살 섬모
이따금 발등 시린 서릿발 밀어나 내고
먼 하늘 귀를 틔우는
장경판전 올올하다

─「장경판전」 전문

    해인사 '장경판전藏經板殿'은 고려 때 만들어진 8만 여 장의 대장경판을 보관하고 있는 건물이다. 산중 깊은 곳에 있어 오랜 시간을 그대로 환유하는 데 맞춤이다. 아무린 장식적 의장을 가하지 않았다는 점에서 그 형상 자체가 숭고하고 단아한 의미를 환기하는 데도 알맞다. 시인은 그 안에 "가부좌 튼 저문 시간"을 바라보면서 "가야산 풍경소리"를 "경판 읽듯" 듣고 있다. 어느새 '소리=글자/ 시간=공간'의 등가적 형식이 완성되어간다. 그 안에는 고려 때의 흔적과 숨결이 녹아들고 있고, "바람의 문맥"이나 "해묵은 자귀의 흔적"이 때로는 적멸로 때로는 울음으로 번져가고 있다. 그러니 시인은 온통 그 안에서 "먹줄 곧은 선을 따라 끌로 새긴 뜨건 말씀"을 듣고 있는 것이다. 그렇게 "먼 하늘 귀를 틔우는/ 장경판전"의 올올함에서 장은수 시인은 "켜켜이 쌓여 있던/ 짙은 묵향"(「벼루」)을 온몸으로 느끼고 있는 셈이다.

말할 것도 없이, 두 편의 작품에서 각각 '상형문자/ 바람의 문맥'으로 근원적 소리를 환기하는 존재자들은, 모두 '시인'의 직능과 아우라를 동시에 환기하고 있다. '새/ 장경판전'은 비밀스럽고 오랜 근원적 소리를 우리에게 들려주는 신성神聖의 등가적 형식이기 때문이다. 시인은 자신이 오랜 시간을 다스리고 그와 동시에 심미적 초월을 감행하면서 근원적 질서와 가치에 대한 상상적 탈환 작업을 서정의 원리로 삼고 있음을 아름답게 보여준 것이다. 시인으로서의 자의식이 암유적暗喩的으로 새겨진 결실들이라 할 것이다.

3. 역사의 기원에 대한 강한 열망

다시 한 번 강조하지만, 장은수 시조집에서 우리가 느끼게 되는 가장 중요한 장치는 '시간'이다. 우리가 잘 알듯이, 서정시는 시간에 대한 경험과 미학적 재구성이라는 고유한 양식적 특성을 띤다. 그만큼 서정시는 시간에 대한 면밀하고도 개성적인 탐색을 통해 삶의 궁극에 대한 상상적 경험을 치러낸다. 이때 시인은 서정시가 환기하는 시간 형식에 자신의 상상력과 경험을 투사投射하게 마련인데, 그것은 유한자有限者로서의 인간이 초월적이고 궁극적인 시간을 꿈꾸는 방식으로 나타나기도 하고, 실존적이고 과정적인 존재자로서의 인간이 자신의 물리적 시간을 통해 전혀 다른 생성적 시간을 상상하는 방식으로 나타나기도 한다. 이러한 시간 의식으로 충일한 장은수 시편은 좀 더 그 밀도와 스케일을 높이고 키움으로써 지나간 우리의 '역사'에 대한 확연한 경사傾斜로 나아가게 된다.

> 밟히고 꺾인 자리 덕혜옹주 꽃대 하나
> 해조음 잠재우듯 스란치마 끌고 와서
> 헛헛한 손을 흔든다, 눈자위가 붉어진다
>
> 꽃살문 그 틈새로 왜바람만 드나들 때
> 빗장 지른 헛방에서 뼛속 깊이 새긴 앙금
> 저 맨발 이린 잎자루 씨방을 잉태한다
>
> 햇빛도 비켜 가는 싸늘한 선돌 아래
> 반쯤 묻힌 옥비녀를 자오록이 닦아내고

앙다문 작은 입술에 붕대처럼 감기는 놀

청수산 그 모롱이 한 발 한 발 오르는 길섶
겨우내 결삭은 아픔 일순간 툭 터져서
마침내 돌아온 봄을 두 팔 벌려 맞고 있다
　　　　　　　　　　―「대마도 얼레지」 전문

일본 대마도 청수산에는 대마번주 아들 소 다케시가 덕혜옹주와 결혼한 것을 기념하는 비碑가 세워져 있다. 시인은 그 자리를 두고 우리 역사가 "밟히고 꺾인 자리"로 해석한다. 가령 시인의 눈에는 "덕혜옹주 꽃대 하나"가 거기서 해조음을 잠재우면서 헛헛한 손을 흔드는 것처럼 보이는 것이다. 그러니 시인으로서는 대마도에 핀 얼레지를 보고 눈자위가 붉어지고 가슴 먹먹해질 수밖에 없었을 것이다. '왜바람'이 드나드는 이곳은 불행했던 옹주를 "뼛속 깊이 새긴 앙금"으로 이끌어가지만, 궁극에는 "저 맨발 여린 잎자루 씨방을 잉태"하게끔 하기도 한다. 장은수 시인이 안간힘으로 "청수산 그 모롱이 한 발 한 발 오르는 길섶"에 피어난 얼레지는 "겨우내 결삭은 아픔"을 서서히 뿜어내고 있었던 것이다.

이처럼 고종이 지극히 사랑했던 고명딸 덕혜옹주가 일본에 끌려가 교육받고 일본인과 결혼하면서 겪은 아픔을 떠올리면서 시인은 "한 시대 빗장 풀고 먼 야사 더듬는"(「돌거북, 잠을 깨다」) 시간을 느끼게 되고, 나아가 "바람의 아우성을 지켜보는 묵시의 바다"가 "아찔한 벼랑 끝에서 통점의 길"(「아리바다 생존법」)을 열어가는 광경을 목도하기도 한다. "제 속을 비워야만 채워지는 작은 씨방"(「파꽃」)과도 같은 '대마도 엘레지'가, 온통 비극을 환기하는 '대마도 엘레지elegy'로 환청처럼 몸을 바꾸는 순간이 아닐 수 없다.

바위도 눈을 뜬다, 햇빛 저리 눈부신 날
숲 속을 빠져나온 머리맡 낯달 한 채
고구려 바보 장수의 칼날처럼 걸려있다

돌팔매도 감싸 안은 아리수 물길 트고
산벚나무 지는 꽃잎 평강공주 눈물 같다
불현듯 말발굽 소리 아차산을 휘감는다

말갈기 휘날리며 남쪽으로 당긴 화살
타는 노을 졸본 땅도 손아귀에 녹아들고
무거운 갑옷을 벗자 돌거북이 깨어난다

소슬 산문 한 허리를 돌아드는 산 그림자
선잠 깬 어머니는 별 하나 품고 외서
피 닳은 결기의 지문, 화석처럼 찍고 있다

칼끝으로 새겨가는 검은 눈의 동북공정

사직社稷의 심장부에 사초史草 새로 쓰는 건지
다시 선 아차산성이 돌주먹을 불끈 쥔다
　　　　　　　　―「아차산 주먹 바위」 전문

　서울 아차산에는 온달 장군과 평강공주의 사랑 이야기가 담긴 전설이 전해진다. 아차산성은 삼국시대에 3국이 서로 한강을 차지하기 위해 치열하게 전쟁을 벌였던 격전지인데, 그때 참여한 이들 중에는 '바보 온달'로 알려진 장군도 있었다. 온달 장군은 광개토대왕이 점령했지만 신라에게 빼앗긴 한강을 찾아오겠다며 출정을 하여 죽음을 맞이했는데, 그때 온달이 주먹을 쥔 채 죽었고 그의 주먹을 닮은 '주먹 바위'가 아직도 아차산에 남아 온달이야기를 전하고 있는 것이다. 온달의 주먹을 닮은 '주먹 바위' 맞은편에는 평강공주가 온달 장군을 끌어안고 통곡하는 형상을 한 '통곡바위'가 남아서, 죽음을 넘어선 두 사람의 사랑 이야기를 전해주고 있다. 그러니 시인으로서는 이러한 배경을 가지고 있는 '아차산 주먹 바위'를 햇빛 눈부신 날에 찾아 "바위도 눈을" 뜨는 순간을 포착한 것이 아니겠는가. 이때 하늘에 떠 있는 낮달은 "고구려 바보 장수의 칼날"과 같이 다가오고, "산벚나무 지는 꽃잎"은 평강공주 눈물과도 같이 다가온다. 불현듯 들리는 듯한 말발굽 소리 역시 "피 닳은 결기의 지문, 화석처럼" 찍고 있는 역사의 한 현장을 환기해준다. 이때 시인은 "칼끝으로 새겨가는 검은 눈의 동북공정"에 저항하면서 "사직社稷의 심장부에 사초史草 새로 쓰는" 순간을 탈환하고 있는 것이다. 그래서 시인이 발견하고 각인하는 "다시 선 아차산성이 돌주먹을 불끈 쥔" 순간은, 참으로 값지고 의롭다고 할 수 있다. 이렇게 장은수 시인은 "가슴 죄며 사는 일이 오늘 여기 몫"(「초록 눈빛」)일지라도, "어느 결 내 귓전에 맴을 도는 죽비소리"(「아차산성에서」)를 피하지 않고, 나아가 "돌꽃 핀 길을 따라 한 비사秘史"(「아차산성에서」)를 발견해가고 있는 것이다.

우리가 잘 알듯이, 서정시에서 다루어지는 '역사'란 지나온 물리적 '시간'에 각별한 생성적 의미를 부여하려는 시인의 의지에서 비롯된다. 이때 역사의 내용은 표면에 떠 있는 고정된 상像을 뜻하지 않고, 당시 경험과 비슷한 맥락이 나타나면 언제라도 유추적으로 그것을 재현할 수 있는 역동적 형상을 함의한다. 이러한 역사적 기억을 매개로 한 시간 형식이 바로 서정의 원리 가운데 가장 고전적인 것이라고 할 수 있을 것이다. 하지만 서정의 원리가 지난 시간과 현재 시간의 유비적analogical 관계를 노래하는 것에 멈추지는 않는다. 그것은 대상 자체가 품은 서사적 계기들을 내면에 품으면서 시인 자신의 가치 지향성을 드러내는 경향도 보여주기 때문이다. 장은수 시편은, 이러한 내면의 지향과 역사적 기억이 단단하게 결속하는 특성을 지닌다. '덕혜옹주'나 '온달-평강공주' 같은 대상을 향해 씌어진 그의 시편은, 역사의 기원으로 끊임없이 귀환하려는 강한 열망을 보여주면서, 결국 자신이 지향하는 삶의 가장 원형적인 가치가 녹아 있는 대상들을 절절하게 호명한 것이다.

4. 시원始原의 이미지로서의 '새'

대개의 서정시는 주체의 자기 발화에서 시작되고 또한 완성된다. 시적 대상이 공공적 범주에 포괄됨으로써 일종의 사회적 확산을 가져오는 경우도 있겠지만, 그때에도 서정시는 궁극적으로 자기 회귀의 속성을 견지하는 경우가 많다. 물론 여기서 말하는 자기 회귀적 속성이 사적私的 개인에 국한되는 것이 아님은 말할 것도 없다. 서정시는 가장 사적인 이야기를 할 때도 그 안에 여러 차원의 암시적 사회성을 내포하기 때문이다. 결국 서정시는 대상을 향해 한껏 원심력을 보였다가도 다시 구체적인 개인으로 귀환하는 자기 회귀적 속성을 견지하고 있다. 장은수 시편은 공공적이고 역사적인 관심을 결국 가장 견고한 자아의 상像

으로 귀일시킨다. 그가 형상화한 심미적 '새'의 이미지가 그 대표적인 형상이라 할 것이다.

> 저문 시간 사려 앉은 암사동 유리벽 속
> 침묵만 그득 고인 빗살무늬 토기 위에
> 태곳적 숨을 쉬는가
> 갈맷빛 새 한 마리
>
> 조개칼 주름 같은 그늘이 똬리 틀고
> 사선에 갇혀 버린 목마른 잠 어리에
> 재우쳐 날지 못한다,
> 바람의 말 새기면서
>
> 체에 거른 앙금마저 주무르고 다독이며
> 옹글게 빚어 올린 점토의 면벽에서
> 아직도 형형한 눈빛
> 오그린 발이 저리다
>
> 의문처럼 걸려있는 아득한 지문 하나
> 천년토록 웅크렸던 화석의 죽지를 털고
> 한순간 빗장뼈 세워
> 꿈결인 듯 퍼덕인다
> ―「새의 시문 · 빗살무늬토기」 전문

심원한 이미지와 서사가 결합한 이 탁월한 작품은, 장은수 시편의 깊이와 격조를 대변한다. 오랜 시간이 깃들여 있는 암사동 유리벽 안쪽으로 시인은 "침묵만 그득 고인 빗살무늬 토기"를 바라보고 있다. 그 오랜 침묵 위로 "태곳적 숨을 쉬는" 새 한 마리는, "바람의 말"을 새기며 그 위에 머물러 있는 시간 자체의 형상이기도 하다. 그 환각의 새 한 마리는 "점토의 면벽에서/아직도 형형한 눈빛"을 띠고 있다. 그리고 "의문처럼 걸려있는 아득한 지문 하나"는 그야말로 천 년 동안이나 웅크렸던 화석의 죽지를 털고 날아오르려는 새의 잠재적 비상 욕망을 환기한다. 그때 비로소 "한순간 빗장뼈 세워/ 꿈결인 듯" 퍼덕이는 새의 상상적 비상이 시작된다. 재우쳐 날지 못했던 새 한 마리의 상상적 비상을 통해 시인은 '시원始原'의 이미지를 경험하게 되는데, 여기서 시원이란 공간적 유토피아나 시간적 유년기 등을 지칭하지 않는다. 그것은 우리의 지각 형식으로는 가 닿기 어려운 어떤 신성을 내장하고 있는 궁극적 본향이기도 하고, 훼손되기 훨씬 이전의 어떤 정신적이고 미학적인 경지를 내장한 형상이기도 할 것이다. 역사적인 관심을 가장 견고한 자아의 상像으로 변환시키는 장은수 시법詩法의 한 측면이 도드라지게 나타난 작품이 아닐 수 없다.

물론 하나의 작품 안에 구현된 시간은 경험적이고 물리적인 것이 아니라, 작품 내적으로 재구성된 시간일 것이다. 우리가 기억이라고 말하는 것도, 마음이라는 지층에 보존된 하나의 재구성된 표지標識이며 기록일 뿐이다. 장은수 시인은 마치 고고학자처럼 의식 건너편에 내재한 근원적 세계를 우리에게 상상적으로 복원시킴으로써, 이러한 기억의 재구성 원리를 심미적으로 완성해간다. 그것이 바로 소멸해가는 사물에 대한 매혹적이고도 아득한 시선으로 나타난 것이다. 그렇게 시인은 "귀 여린 빗살무늬"(「파시, 고등어」)를 바라보면서, 소멸 지향의 역설적 아름다움을 바라보고 있는 것이다. 이러한 '새'의 형상은 다음 시편으로도 이어진다.

> 절벽을 감싼 안개 나이테를 새겨간다
> 햇살이 구름 속에 말을 모는 차마고도
> 인주 빛 붉은 울혈이
> 꽃망울로 터진다
>
> 충혈된 눈 기둑어아 좁은 문도 드나들까
> 저녁놀 옷소매를 마파람이 끌고 갈 때
> 천 년의 긴 잠을 깨고
> 날개 터는 새의 화석
>
> 굽이치는 계곡 너머 꽁지깃 버린 날은
> 돌만 자란 가풀막에 검독수리 발톱 같은
> 또 하루 낙관 찍는다,
> 첫새벽 문을 연다
> ―「새, 적멸에 들다」 전문

이 시편 역시 '새의 화석'이라는 시원의 이미지를 적극 살리고 있다. 안개가 절벽의 나이테를 새겨가는 차마고도에는 "천 년의 긴 잠을 깨고/ 날개 터는 새의 화석"이 있다. 물론 여기에서 '화석'이란 오랜 시간의 물질성을 함의하기도 하고, 고고학적 형식을 띤 간접적 형상이기도 하다. 어쨌든 그 '새'는 굽이치는 계곡 너머 "검독수리 발톱 같은/ 또 하루 낙관"을 찍으면서 새벽의 문을 연다. 이러한 형상은 "어둠의 빛살무늬 내 안에서 출렁일 때"(「해 질 무렵, 새는」)를 심미적으로 환기하면서, 새로운 시원의 형상을 다시 한 번 창출해내는 데도 기여한다. 이는 우리의 정신과 육체를 의탁할 수 있는 시적 유토피아이면서, 우리 시대의 역방향에서 상상적으로 다가오는 견인堅忍의 거소居所일 것이다. 그만큼 장은수 시인은 우리 시대의 폐허 의식을 가로질러 시원으로 내달리는 상상력을 보여주면서, 오랜 시간의 적층을 향해 한껏 원심력을 보였다가 다시 자신의 정신적 지향으로 귀환하는 속성을 투명하게 내비치고 있다.

장은수는 시간 형식을 통해 사물에 깃들여 있는 혹은 자신의 기억 속에 각인되어 있는 근원적 이법理法을 상상하고 표현하는 시인이다. 시간만이 인간의 욕망에 평등성을 부여한다는 점에서, 그것은 인간의 삶과 죽음을 증언하고 규정하는 가장 직접적이고 물리적인 형식임을 시인은 입증해간다. 그래서인지 장은수 시편에 나타난 서정의 양상은, 시간 경험과 그것을 해석하고 판단하는 내면의 파동으로 꾸준히 나타나고 있다. 이처럼 구체적 사물에서 삶의 보편적 이법을 발견해내는 그의 시선은, 이번 시조집에서 완성도 높은 개개 시편들을 통해 다양하고도 풍부한 심미적 형상들을 보여주고 있다. 말할 것도 없이 이러한 세계는 고유한 그만의 방법론적 주춧돌이자 그를 다른 시인들과 선명하게 구별해주는 유력한 존재론적 표지標識일 것이다.

5. 타자들을 향한 연민과 애정

서정시의 발화는 실제 그대로의 '현실'과 가 닿지 못하는 '꿈' 사이에서 이루어진다. 서정시가 '현실'이나 '꿈' 어느 한쪽으로 기울어질 때, 그것은 인간의 인식과 정서를 불구적으로 반영한 것일 수밖에 없게 된다. 그래서 좋은 서정시는 우리의 현실을 간접적으로 드러내면서도, 그것을 건너가게끔 하는 꿈의 세계를 상상적으로 마련해준다. 이때 꿈은 우리 삶 곳곳에 배어 있는 불모不毛의 기운을 치유하는 형질로 기능하게 된다. 따라서 이러한 꿈의 기능이야말로, 서정의 원리인 '회감回感'과 충실하게 결합하면서, 우리가 살아가야 할 새로운 삶의 태도를 암시하게 된다고 우리는 말할 수 있다.

물론 장은수 시인의 언어가 꿈의 또 다른 편향인 비현실적 초월에 매개되어 있는 것은 아니다. 오히려 그의 시편은 현실의 불모성을 견디게끔 하면서, 동시에 아름다운 삶의 형식을 보여주는 데 자신의 목소리를 집중하고 있다. 이때 그의 어떤 작품은 정치적, 이념적 직접성을 벗어나 현실의 풍부하고도 다양한 형상을 그리면서 우리 인간의 존재 조건과 삶의 형식을 간접화한다. 그가 구현하는 시적 리얼리티는 그의 상상력 속에서 채택된 구체적 장면으로 환기되고 있으며, 여기에는 현실 탐색과 비판의 정신이 강렬하게 녹아 있다. 또한 우리는 시대 현실과 인간 존재의 근원적 조건을 동시에 암시하는 풍부하고 복합적인 형상이야말로 장은수 시인의 단단한 현실 감각에서 가능한 것이라고 말할 수 있다. 그 가운데 하나가, 충북 보은 출생인 장은수 시인의 서울 타향기他鄉記라고 할 수 있을 것이다.

> 골목골목 날아든다, 먼 사막의 먼지들이
> 목 붉은 늙은 낙타 파지 묶어 등에 메고
> 하루를 채질하는 길
> 어둠이 휘청거린다

울 너머 고개 들면 눈감아도 뵈는 도시
다 삭은 대문 밀고 미로 같은 길을 연다
더께 진 바람 소리가
빗장뼈에 걸려 울고

서걱대는 모래 입자 속눈썹에 뒤엉키는
신기루 뒤를 밟듯 노숙의 밤을 건너
한 모금 저 물병자리
목마름에 입이 탄다

간단없는 돌개바람 알뿌리 숨죽일 때
오아시스 별을 좇는 도시의 카라반들
가로등 희붐한 새벽
새 날 빛을 맞는다

—「서울 카라반」 전문

 이번 시조집의 표제작이기도 한 이 시편은, 서울이라는 도시에서 바라본 노숙인의 모습을 '카라반'에 비유하고 있다. '카라반'은 '대상隊商'이라고도 하는데, 낙타나 말 등에 짐을 싣고 떼 지어 다니면서 특산물을 팔고 사는 상인 집단을 뜻한다. 사막이나 초원, 비단길과 같은 곳을 가로질러 다니므로, 도적 떼로부터 상품을 보호하기 위해 모여 다녔다고 한다. 당연히 '서울 카라반'이 가는 길에 골목골목 사막의 먼지들이 날아든다. 그리고 '늙은 낙타'로 비유되는 주변인들도 파지를 묶어 등에 메고 하루를 채질해간다. 그렇게 어둠으로 가득한 도시에서 "다 삭은 대문 밀고 미로 같은 길"을 열어가는 '카라반'은, 이향離鄉과 양극화 과정에서 생겨난 우리 시대의 '호모 사케르'(아감벤)일 것이다. 그네들은 "신기루 뒤를 밟듯 노숙의 밤을 건너"기도 하고, "오아시스 별을 좇는" 모습을 보이기도 한다. 그렇게 시인은 가로등 희붐한 새벽에서야 비로소 새 날빛을 맞는 그들의 생태와 조건을 보여줌으로써, 우리 시대 타자들의 비극성을 흐릿하고도 사실적으로 인화印畫하고 있다. "난청의 도시를 향해// 일필휘지 시를"(「도봉산 몽필생화夢筆生花」) 써가는 모습을 보여주는 것이다.

안개 한 끝 끌고 간다, 인적이 뜸한 밤길
왁자한 먹자골목 투구 쓰고 무장한 뒤
가로등 길모퉁이에
또 하루를 부려놓고

선술집 막사발 속 주름살이 번져가도
척추 마디 삐걱대는 깡통 소리 걸머진 채
굴리는 수레바퀴에
넘실대는 바다 너울

하늘을 그러안고 가진 것 다 내주고
제 흥에 춤을 추는 음표도 지칠 때쯤

언 발로 도시 한복판
탑돌이를 하고 있다
　　　　　―「서울 머구리 ― 폐품 줍는 사내」 전문

이번에는 '머구리'가 등장한다. '머구리'는 바다 속에 들어가 해물海物을 채취하는 남자들을 말한다. '카라반'이 사막에서 도시로 들어왔듯이, '머구리'도 바다에서 도시로 온 것이다. 그 '서울 머구리'는 인적이 뜸한 밤길에 투구로 무장한 뒤 "가로등 길모퉁이"에서 하루를 부려놓는다. "선술집 막사발 속 주름살"은 아마도 '서울 머구리'들의 주름일 터이고, "굴리는 수레바퀴에/ 넘실대는 바다 너울"은 '머구리'가 가지고 있는 근원적 기억에 대한 향수일 것이다. "언 발로 도시 한복판/ 탑돌이를" 하면서 폐품을 줍고 있는 사내는, 앞에서 본 '서울 카라반'처럼, 삶의 비애를 도시에 흩뿌리고 살아가는 우리 시대의 타자일 것이다. 이들은 "벽돌담 모퉁이서 늙어가는 자전거 하나"(「에기똥풀 자전거」)의 애잔한 형상을 취하면서 시대의 외곽으로 점점 밀려나고 있다. 이러한 형상에 적극 다가서면서 장은수 시인은, 지극한 연민과 관심으로 이들을 채록해가는 시인의 역할을 완성해간다.

　눈 내리는 화양시장 비좁은 가게에서
　꼬치 국물 후후 불어 어둠을 밀어내고

김발에 묻은 밥알을 떼어먹는 손이 있다

시퍼런 시금치며 노을빛 당근 하며
좌판 위에 키를 재는 색색의 저 푸성귀들
죽간竹簡에 드리운 생이 하얀 방점 찍는다

고 작은 대발 하나 행간 쭉 펼칠 때마다
밥알들 끈적끈적 야사野史 한 줄 베껴내는
거뭇빛 두루마리가 오색 꽃 피워낸다
―「김밥 마는 여자」 전문

   마지막으로 시인의 시선이 향하는 대상은 '김밥 마는 여자'다. 눈 내리는 화양시장 비좁은 가게에서 어둠을 밀어내며 "죽간竹簡에 드리운 생"을 보이는 여자는, 그 자체로 역동적인 생활력을 가진 존재자로 나타난다. 그녀는 "대발 하나 행간 쭉 펼칠 때마다" 이야기를 펼쳐내고 "끈적끈적 야사野史 한 줄 베껴내는" 일을 수행하는 일종의 '작가'로서의 모습을 하고 있다. 그러니 "좌판 위에 키를 재는 색색의 저 푸성귀들"이 "거뭇빛 두루마리가 오색 꽃 피워"내는 것이 아닌가. 그녀는 우리가 살아가는 세계가 비록 비속하고 남루하더라도, 세상을 비껴난 어딘가에 근원의 세계가 존재한다고 믿는 모습을 암시적으로 보여준다. 그 믿음이 더욱 눈물겨운 우리 시대를 음각陰刻하고 있는 것이다.

우리는 장은수 시인이 안타까워하는 현실 질서가 의외로 견고하고, 그가 눈을 들어 바라보는 대안적 표지標識는 절실하고 감동적이지만 비극적인 경우가 많다는 사실에 이르게 된다. 하지만 그는 보잘것없는 존재자들이 가지는 생명의 존엄성에 대한 역설적 인식을 결코 잊지 않는다. 이른바 '사회적 상상력'이라고 부를 수 있는 이러한 자각과 인식이, 그의 시편들로 하여금 약한 자들의 삶에 대한 강한 옹호 쪽으로 기울게 하는 원초적 힘으로 작용하고 있기 때문이다. 이처럼 장은수 시인은 중심에 편입되지 못하고 철저하게 주변에서 서성이는 존재자들에 대한 강렬한 연민과 애정을 보여주는데, 이것은 우리 시대의 주류 권력이나 자본의 논리에 대한 시인의 시적 대항 논리라고 할 수 있다. 버려지고 소외된 이들의 가치를 옹호하는 인식과 표현이 장은수 시편을 떠받치고 있는 대표 코드임을 알게 하는 실례들이다.

6. '원초적 통일성'을 회복하려는 서정 양식의 본래적 지향

 우리 시대의 서정시는 힘겨운 내적 싸움을 감당하는 영혼들의 고투를 기록하는 것을 마다하지 않는다.

거기에는 우리 시대의 중심 원리가 이성이나 관행에 의해 일사불란하게 관철되고 있다는 데 대한 강한 부정과 함께, 이성이나 관행이 그어놓은 관념의 표지들에 대한 해체와 재구축의 열정이 담겨 있다. 물론 이러한 부정 정신은 실험적 전위들이 가질 법한 모험 정신과는 비교적 거리가 먼 것이다. 오히려 그것은 잃어버린 서정시의 위의威儀를 세우려는 고전적 열망과 닿아 있는 어떤 것일 뿐이다. 그래서 그 안에는 인간들이 인위적으로 정해놓은 경계와 그 경계의 표지를 지웠을 때의 자유로움이 대비적으로 그려진다. 그 자유로움이 바로 우리가 근대를 열병처럼 치르는 동안 잃어버린 어떤 속성이자 원리일 것이다. 역설적이게도 이러한 과제는 최근 우리 현대시조에 강렬하게 주어져 왔다.

최근 우리 시조는 매우 활발한 외관을 띠면서 민족시형으로서의 자기 위상과 미학을 완성해가고 있다. 인적 구성이나 작품의 성취에서 지금의 시조 시단은 그 어느 때보다 의미 있는 활황活況을 보여준다. 이는 시조가 고사枯死된 양식이 아니라 독자적 자기 권역을 풍요롭게 구축해가고 있는 현재형의 양식임을 말해준다. 그렇다면 현대 사회의 복합성과 시조의 안정적 속성은 어떻게 결합될 수 있을까? 다시 강조하지만, 우리는 '시조'의 육체를 입는 한, 그것이 율격적 안정성과 구심력을 섬세하게 지켜야 한다고 생각한다. 시조를 쓰면서 시조 고유의 율격을 해체하고 이완하는 작업은 일종의 자기모순에 가깝기 때문이다. 그 점에서 시조 양식의 과제는, 정형이라는 현저한 외적 제약에도 불구하고 일종의 '원초적 통일성'을 회복하려는 서정 양식의 본래적 지향을 구현하면서 형식의 단호한 절제를 구현하는 데 있을 것이다.

장은수의 시조 미학은 이러한 과제를 첨예하게 수행하는 뜻 깊은 사례이다. 이때 가장 강조될 것은 장은수 시인의 '원체험原體驗'일 터이다. 시인은 가장 오랜 기억에 머물러 있으면서, 자신의 행위나 감각에 지속적으로 영향을 주는 원체험을 부단히 변형하면서 자기동일성을 점진적으로 획득해왔다. 그 동일성이 이러한 탁월한 성취를 낳았다고 말할 수 있을 것이다. 물론 이러한 방향이 우리가 상실한 거대서사grand narrative의 대안적 지평이 곧바로 되기는 어렵겠지만, 우리 시대의 불모성과 실용주의적 기율 범람에 대한 유력한 시적 항체抗體는 될 수 있을 것이다. 이처럼 장은수 시인은 두터운 시간의 적층을 탐구하고 근원 지향의 상상력을 외따롭게 형성하면서, 기억의 활력을 통해 가파른 세상과 맞서고 있다. 그 맞섬의 과정이 그에게 결국 '삶'이고 '시詩'가 아닐 것인가. 그리고 이번 시조집이 그 구체적이고 뚜렷한 결실이 아니겠는

가. 이러한 완성도 높은 세계를 구축해낸 그의 다음 행보가 벌써부터 기다려지는 까닭이다. ▨

장은수
충북 보은 출생. 2009년 ≪시조시학≫ 시조 등단. 2012년 경상일보 신춘문에 시조 부문 당선. 시집 『전봇대가 일어서다』(2005), 『고추의 계절』(2007) 등이 있음. 서포 김만중 문학상, 전국가람시조백일장 장원 교육과학부장관상, 전국송강시조백일장 장원, 천강문학상 시조부문 대상 등 수상. 현재 (사)한국문인협회 광진지부 회장, (사)열린시조학회 회장, 계간 ≪정형시학≫ 주간.

|한국대표정형시선 042|

서울 카라반

초판 1쇄 인쇄일 · 2016년 07월 25일
초판 1쇄 발행일 · 2016년 08월 05일

지은이 | 장은수
펴낸이 | 노정자
펴낸곳 | 도서출판 고요아침
편　집 | 이유성, 김남규

출판 등록 2002년 8월 1일 제 1-3094호
03678 서울시 서대문구 증가로 29길 12-27 102호
전화 | 302-3194~5
팩스 | 302-3198
E-mail | goyoachim@hanmail.net
홈페이지 | www.goyoachim.com

ISBN 978-89-6039-808-5(04810)

* 책 가격은 뒤표지에 표시되어 있습니다.
* 지은이와 협의에 의해 인지는 생략합니다.
* 잘못된 책은 교환해 드립니다.

ⓒ 장은수, 2016